CONSIDÉRATIONS

Sur les avantages que le Gouvernement pourrait assurer tant au commerce qu'aux diverses parties du service public, par l'exploitation de quelques Mines dont la République se trouve en possession tant dans les Pays conquis et réunis, que dans son ancien territoire.

LA valeur et les nombreuses victoires de nos armées, ont porté les limites du territoire de la République jusqu'aux barrières naturelles que des chaînes de montagnes et de grands fleuves semblaient avoir assignées à l'empire français. Au nombre des richesses territoriales dont ces conquêtes ont accru nos ressources, il en est de bien précieuses pour le commerce, et de nature jusqu'alors trop peu considérée en France ; ce sont des minéraux et des métaux de diverses espèces.

Les mines de ces contrées fournissaient à nos manufactures, en grande partie, les matières premières sur lesquelles l'industrie française s'exerce. Aussi les gouvernemens étrangers portaient-ils une attention particulière sur l'exploitation de ces mines ; ils avaient

A

senti leur importance, et par les bénéfices directs sur
leurs produits, et par l'activité vivifiante qu'elles
entretenaient dans ces contrées. Les plus intéressantes
de ces mines étaient sous la surveillance immédiate de
ces gouvernemens, qui avaient bien reconnu qu'il
valait mieux les faire exploiter pour leur compte que
de les concéder.

C'est à l'instant où la République, enrichie de ces
conquêtes, peut disposer en outre, dans l'étendue
de son ancien territoire, de quelques établissemens
importans et sûrement avantageux, qu'il est utile
d'exposer les motifs qui semblent devoir déterminer
le Gouvernement à conserver sous sa main, pour les
activer directement, certaines mines et quelques établissemens métallurgiques.

Ces motifs sont,

1°. Le soutien de notre industrie, l'avantage
et la sûreté de notre commerce.

Plusieurs de nos fabrications sont dans la dépendance de certaines exploitations de mines.

Nos fabriques d'épingles tiennent à l'exploitation
d'une mine de zinc et à l'alliage de ce métal au cuivre
pour obtenir le laiton. Nous n'avions point en France
de mine de zinc traitée pour ce métal ; les pays réunis
nous en offrent une qui nous met à même de rivaliser
avec les étrangers sur ce point : mais il faut assurer
ses produits à notre industrie ; l'étranger est intéressé
à nous les enlever.

(3)

Les aciers de forge dits *aciers naturels*, qui doivent être livrés au commerce à meilleur compte que les aciers de cémentation et sont plus propres que ces derniers à la fabrication de beaucoup d'outils et d'instrumens très-précieux, ne sont pas encore assez communs en France ; cependant nous possédons abondamment les mines de fer qui sont reconnues les plus propres à donner l'espèce de fonte la plus facile à traiter pour l'amener à l'état d'acier de forge. Au nombre des usines à fer qui sont aujourd'hui sous la main de la nation, il en est qui réunissent tous les moyens nécessaires pour que le Gouvernement puisse, avec avantage, stimuler cette fabrication importante.

Les mines de houille, plus précieuses que celles d'or pour un peuple ingénieux et actif, sont abondantes en France ; mais on n'en tire pas, à beaucoup près, l'avantage qu'elles devraient produire. Cependant plusieurs de ces mines sont nécessaires à des fabrications considérables établies dans leur voisinage ; et d'autres, si elles étaient exploitées avec sagesse, pourraient donner lieu à la formation de nouveaux établissemens.

Nous n'avions point en France de mine de mercure en exploitation ; les pays entre Rhin et Moselle nous en offrent plusieurs. La pharmacie, l'étamage des glaces, l'art du doreur, les instrumens de physique, la métallurgie, réclament, de la part du Gouvernement, une surveillance directe et active sur ces exploitations, qui sont d'ailleurs d'un grand produit.

Il manque encore à la France une mine d'étain ; un filon de wolfram, découvert depuis peu d'années, donne quelque espoir de trouver de l'étain, parce que ces deux substances se rencontrent souvent ensemble ; mais le Gouvernement seul peut se livrer à des recherches de cette nature.

2.° La sûreté du service militaire de terre et celui de la marine.

On a senti dès long-temps la nécessité pour le Gouvernement d'avoir des établissemens spéciaux pour l'entretien des arsenaux de la guerre et de la marine. Les ministres de ces deux parties doivent faire choix de ces établissemens ; ils ont sous leurs ordres des hommes instruits qui dirigeront ces usines vers le but auquel elles doivent tendre.

3.° L'utilité d'offrir des modèles pour le perfectionnement de l'art des mines et de la métallurgie en France.

La théorie seule, la pratique même soigneusement décrite dans des livres, ne suffisent pas pour activer un art ; il faut l'exemple d'établissemens bien conduits, pour former des artistes et des ouvriers ; il faut qu'ils aient vu et exercé eux-mêmes, pour n'être pas arrêtés par les moindres obstacles que la pratique offre à chaque pas, et pour être en état de former d'autres artistes, et de détruire les mauvais effets d'une routine aveugle.

4.° Le placement d'hommes instruits déjà formés, le moyen d'en former un grand nombre d'autres, et d'obtenir de bons mineurs et de bons fondeurs.

La direction des établissemens que le Gouvernement réserverait dans ses mains, devrait naturellement être confiée aux inspecteurs et ingénieurs des mines existans, qui seraient choisis pour cet objet. Ces hommes instruits seraient d'autant plus utiles, en assurant la prospérité de ces établissemens par un service constant et suivi, qu'il se formerait promptement auprès d'eux de nouveaux ingénieurs praticiens qui auraient antérieurement reçu les lumières de la théorie : ces établissemens fourniraient encore des ouvriers mineurs et fondeurs, qui, recherchés par les entrepreneurs des exploitations particulières, y porteraient de l'ordre et de meilleures méthodes dans les travaux.

5.° L'économie sur l'administration.

Ces établissemens étant dirigés par les inspecteurs et ingénieurs des mines qui y seraient préposés et rendraient compte de leurs travaux et de leur gestion au conseil des mines et au ministre de l'intérieur, il est sensible que les principales places ne coûteraient rien ou que très-peu de chose au Gouvernement, puisqu'il y emploierait ainsi des hommes dont les traitemens existent déjà.

6.º Moyen de pourvoir aux dépenses relatives à l'administration générale des mines.

La surveillance exercée par le Gouvernement sur l'exploitation des mines, semble, en ce moment, être une partie d'administration plus dispendieuse que productive, parce que ceux qui la considèrent ainsi ne réfléchissent pas aux avantages immenses que l'exploitation des mines produit par les fabrications et le commerce. Ils ne voient que les versemens directs au trésor public. Ces versemens sont peu de chose en effet, le Gouvernement n'ayant que peu d'établissemens à son compte, et ceux seulement que les particuliers n'ont pas osé entreprendre ; mais s'il faisait exploiter des mines de l'importance de celles que nous avons citées, les dépenses de l'administration générale des mines seraient bientôt couvertes et au-delà par leurs produits directs.

7.º L'instruction plus prompte et l'avancement des élèves de l'école des mines. .

Ces établissemens multiplieraient les ressources de l'école pratique ; on y ferait passer successivement les élèves ; on les y emploierait à la suite de divers travaux. La France obtiendrait enfin des hommes consommés dans l'art des mines et la métallurgie. Les places que ces hommes seraient appelés à occuper un jour à la tête des grandes exploitations , seraient une perspective propre à les encourager et à stimuler leur zèle. Enfin, ces établissemens, bien conduits, contribueront à donner à l'état du mineur la considération nécessaire pour continuer d'en répandre le goût en France, et porter sur des entreprises industrielles vraiment utiles et recommandables, l'esprit de spéculation qui, ne se portant aujourd'hui que sur un agiotage infame, démoralise tout, ne produit rien, et tend à l'anéantissement absolu de toute probité, de l'industrie si précieuse et du commerce.

VUES sur la manière dont pourraient être administrées les exploitations de Mines que le Gouvernement aurait arrêté de conserver sous sa main.

POUR assurer la prospérité de ces établissemens et les administrer avec l'ordre et l'économie nécessaires, il faudrait qu'ils fussent gérés par des hommes éclairés et probes ; et il serait bon que deux ou trois de ces hommes éclairés se trouvassent chacun avoir à diriger des mines et usines assez rapprochées pour se réunir au besoin et profiter de la combinaison de leurs connaissances réciproques, afin d'arrêter en commun les mesures les plus importantes, qui seraient soumises en outre à la révision du conseil des mines, et recevraient, s'il y avait lieu, la sanction de l'autorité du ministre de l'intérieur.

Ainsi le Gouvernement pourrait composer les arrondissemens de mines qui seraient exploitées par lui directement, 1.° d'une mine métallique quelconque, 2.° d'une usine à traiter le fer, 3.° et d'une houillière. On sent combien trois établissemens de cette nature peuvent s'entr'aider, et combien d'avantages doivent résulter de la combinaison des ressources que chacun d'eux produit, indépendamment de la réunion des lumières de leurs directeurs.

Les circonstances permettent au Gouvernement de disposer des arrondissemens d'une manière aussi heureuse, et ces dispositions pourraient avoir lieu même dans plusieurs régions de la République. Un inspecteur et deux ingénieurs des mines suffiraient pour la direction de chacun des arrondissemens qui seraient déterminés ainsi, et leur réunion facile serait un des moyens d'assurer la prospérité de ces mines.

Réponses aux objections qu'on pourrait faire sur ce projet.

1.° On ne manquera pas d'objecter que ces établissemens seraient des régies, et que les régies sont reconnues plus onéreuses que profitables au Gouvernement.

C'est-là un des grands moyens que mettront en avant ceux qui voudront, en prétextant économie pour la République, se faire adjuger des établissemens dont les produits sont faciles et importans dans l'état actuel, et ne paraissent pas être exposés de sitôt à des variations qui puissent les diminuer d'une manière fâcheuse.

L'objection de la dépense des régies est d'abord spécieuse ; elle peut être juste dans bien des circonstances ; mais il n'est pas difficile de prouver qu'elle n'est pas applicable ici.

Les régies peuvent être onéreuses au Gouvernement quand les régisseurs sont ignorans, infidèles ou insoucians. Toutes les fois donc que le Gouvernement mettra à la tête des établissemens des hommes d'une probité reconnue, des hommes éclairés et actifs, intéressés par leur amour-propre à la prospérité des établissemens qu'ils dirigent, excités par le désir d'être distingués dans la carrière qu'ils se seront choisie, et pour laquelle ils ont constamment préféré un traitement très-modique à toute autre existence et à des moyens de fortune aussi faciles pour eux que pour tant d'autres ; toutes les fois que les opérations de ces directeurs seront soumises encore à l'autorité du ministre et à la surveillance d'un conseil composé de gens de l'art, jaloux de mériter la confiance du Gouvernement par les améliorations qu'ils reconnaissent important et urgent d'apporter à l'art des mines en France ; de telles régies ne seraient pas onéreuses, mais elles conserveraient et perfectionneraient des exploitations de mines, que l'avidité d'entrepreneurs particuliers ou leur ignorance auraient bientôt encombrées et perdues pour l'industrie.

En accordant même que des particuliers conduisissent ces établissemens de manière à en perpétuer et multiplier les produits (ce que l'expérience ne prouve pas jusqu'à présent), et qu'ils obtinssent, par une économie parcimonieuse , des produits annuels un peu plus considérables que ne le feroit l'administration au compte du Gouvernement, ces particuliers ne reverseraient pas ce gain au trésor public ; et en supposant encore qu'ils pussent le faire en adoptant le mode de régies intéressées , ce faible avantage pourrait-il soutenir la balance avec la sûreté de l'entretien des fabrications dépendantes de ces établissemens, avec les améliorations que le Gouvernement doit se conserver la faculté de produire dans les arts , les nouveaux moyens d'activité qu'il doit chercher à donner au commerce , et encore avec les moyens de solidité et de perfectionnement qu'il est si important de conserver pour les ustensiles de guerre et de marine ?

2.° On doit observer encore qu'il y a des mines qui ne pourront absolument être exploitées qu'en adoptant le mode proposé. Telles sont celles dont l'exploitation remplit seulement les frais, ou les couvre de peu de chose. Des particuliers ne peuvent pas se livrer à de pareilles entreprises ; et le Gouvernement, en y plaçant annuellement des fonds qu'il en retire, gagne au commerce la mise en circulation d'une nouvelle quantité de matières premières : il a entretenu l'industrie et souvent vivifié un pays qui serait resté désert ; il a donc augmenté la force et la richesse de l'État.

3.° Ce qu'on propose aujourd'hui paraît une innovation en France, où le Gouvernement ne portait pas des vues bien actives sur l'exploitation des mines ; mais c'est ainsi qu'en Espagne, en Allemagne, en

Suède, en Danemarck, en Prusse, en Bohême, au Hartz et en Saxe, l'exploitation des mines est suivie avec un intérêt particulier de la part des gouvernemens, et perfectionnée par l'exemple des établissemens qu'ils entretiennent.

Enfin, on a dit précédemment que les circonstances mettaient le Gouvernement à portée de disposer les arrondissemens de mines d'une manière avantageuse; nous devons ajouter encore qu'elles présentent l'occasion la plus favorable pour donner à l'exploitation des mines en. France une grande impulsion. Tout le monde sait que l'Angleterre doit en grande partie la prépondérance de ses fabrications à ses riches mines de houille, au bas prix de ce combustible, et à l'application du coack au lieu de charbon de bois dans bien des arts (1). La France possède aussi de nombreuses et abondantes houillères; il ne faut que s'appliquer un moment au développement de nos ressources dans ce genre, pour rivaliser avec succès.

Débarrassons enfin nos arts de la dépendance dans

______

(1) Indépendamment d'une multitude d'objets manufacturés que l'emploi de la houille ou du coack nous ferait obtenir à meilleur compte, de nouvelles fabriques s'élèveraient encore. Les manipulations sur la fonte, le fer et l'acier, seraient multipliées sans inconvénient. Les arts chimiques et métallurgiques acquerraient chez nous un plus grand développement, et nos forêts seraient ménagées et auraient le tems de recroître. Paris ne consommerait plus une quantité de bois si effrayante pour ses brasseries, ses chapelleries, ses fayanceries, fours à chaux et à plâtre, et bientôt les particuliers mêmes feraient usage de la houille et du coack pour leur consommation intérieure.

laquelle les étrangers voudraient encore les tenir ! Extrayons nous-mêmes toutes les matières premières dont la nature a enrichi notre sol ! Si le génie français se porte à ces objets, il les aura sans doute bientôt utilisés ; mais il faudrait que le Gouvernement offrît quelques grands exemples qui fixassent l'attention, et assurassent tous les moyens d'instruction nécessaires au perfectionnement de l'art des mines et de la métallurgie.

Les commissaires de la Conférence des Mines,

Signé LEFEBVRE, SILVESTRE, Alex. BRONGNIART.

Adopté par la Conférence des Mines, pour être imprimé au nombre de quinze cents exemplaires, et publié. A Paris, le 2 frimaire an 6. *Signé* LELIÈVRE, *président,* et SILVESTRE, *secrétaire.*